Bibliografische Information der Deutschen Nationalbibliothek:

Die Deutsche Bibliothek verzeichnet diese Publikation in der Deutschen National-
bibliografie; detaillierte bibliografische Daten sind im Internet über http://dnb.d-
nb.de/ abrufbar.

Impressum:

Copyright © 2018 GRIN Verlag
Druck und Bindung: Books on Demand GmbH, Norderstedt Germany
ISBN: 9783668867789

Dieses Buch bei GRIN:

https://www.grin.com/document/455645

Daria Pugaci

Intelligentes Stromnetz (Smart Grid). Chancen, Möglich-keiten und Widerstände der Zukunftstechnologie

GRIN Verlag

GRIN - Your knowledge has value

Der GRIN Verlag publiziert seit 1998 wissenschaftliche Arbeiten von Studenten, Hochschullehrern und anderen Akademikern als eBook und gedrucktes Buch. Die Verlagswebsite www.grin.com ist die ideale Plattform zur Veröffentlichung von Hausarbeiten, Abschlussarbeiten, wissenschaftlichen Aufsätzen, Dissertationen und Fachbüchern.

Besuchen Sie uns im Internet:

http://www.grin.com/

http://www.facebook.com/grincom

http://www.twitter.com/grin_com

Seminararbeit

im berufsbegleitenden Masterstudiengang
Technologie- und Innovationsmanagement

zum Thema:

Intelligentes Stromnetz (Smart Grid) – Chancen, Möglichkeiten und Widerstände der Zukunftstechnologie

Vorgelegt von:

Daria Pugaci

Im Fach:

Technologiemanagement

3. Semester

Am: 30.12.2018

Inhaltsverzeichnis

Abbildungsverzeichnis

Abkürzungsverzeichnis

1 Einleitung

Das einleitende Kapitel dieser Hausarbeit beschäftigt sich zu Beginn mit der Ausgangssituation. Anschließend wird auf die Zielsetzung eingegangen und ein Überblick über den Aufbau dieser Arbeit gegeben.

1.1 Ausgangssituation

Endliche Ressourcen und die durch den Klimawandel entstandenen Veränderungen gehören seit den letzten Jahrzehnten zu den größten und wichtigsten Herausforderungen unserer Zeit. Für eine nachhaltige und klimafreundliche Lösung sind alle Nationen verantwortlich, weshalb viele Länder das internationale Abkommen des "Kyoto-Protokolls" unterzeichnet haben. Primäres Ziel dieser Vereinbarung war die Reduzierung des weltweiten CO_2-Ausstoßes (vgl. Umweltbundesamt, 2013). Im Zuge dessen, wurden im Rahmen der Energiewende in der Bundesrepublik Deutschland klimapolitische Notwendigkeiten verabschiedet, um die Anforderungen des Abkommens zu erreichen. Hierzu zählen unter anderem der schrittweise Abbau von fossiler Energieversorgung, der Ausstieg aus nuklearen Energieträgern bis Ende 2022 und die Reduzierung der Treibhausemmissionen bis 2020 um 40 Prozent (vgl. Adolph, 2016). Nach dem Erneuerbare-Energien-Gesetz (EEG) sollen "bis zum Jahre 2025 anteilsmäßig 40 bis 50 Prozent des in Deutschland verbrauchten Stroms aus erneuerbaren Energien stammen" (BMWi, 2018a).

Der Ausbau und die Installation erneuerbarer Energien, bringen nicht nur eine ansteigende Dynamik ins Stromnetz, sondern auch eine Zunahme an dezentraler Erzeugungsstrukturen. Hinzu kommt noch der seit Jahren ansteigende mengenmäßige Stromkonsum, sodass Verteilernetze immer mehr an ihre Auslastungsgrenzen stoßen. Resultierend aus dieser Entwicklung, ist das Einspeise- und Verbraucherverhalten nicht im Gleichgewicht mit dem zunehmenden dezentralen Energieangebot. Eine permanente Stabilität zwischen Stromangebot und –nachfrage muss sichergestellt werden (vgl. Aichele, 2014, S.7).

Um den Anforderungen entgegenzuwirken, erfordern die energiepolitischen Entwicklungen deshalb eine Revolution des Energiesystems und der Netzversorgung. Basis hierfür sind intelligente und innovative Lösungen für den Netzausbau und –umbau, die sich in optimierten Stromnetzen den sogenannten

Smart Grids wiederspiegeln. Dies führt zu einem Wandel in den Bereichen der Energieerzeugung, -speicherung, -effizienz, des Energietransports und – verbrauchs. Flexible und intelligente Netze, die mit Hilfe smarter Informations- und Kommunikationstechnologie (IKT) alle Akteure der Energieerzeuger und – verbraucher miteinander verbinden. Dadurch kann die dezentral gewonnene Energie, ökologisch, effizient und wirtschaftlich genutzt werden (vgl. Servatius, 2012, S. X).

1.2 Zielsetzung der Arbeit

Die stetig wachsende Signifikanz des Klimaschutzes als auch der Energieeffiziens, bringen zahlreiche Herausforderungen mit sich, die nur mit Hilfe von intelligenten Stromnetzen gelöst werden können. Deshalb stellen Smart Grids eine immer wichtig werdende Zukunftstechnologie dar.

Ziel dieser wissenschaftlichen Arbeit ist, zum einen die Chancen und Potenziale und zum anderen die Herausforderungen und Widerstände von Smart Grids aufzuzeigen. Hierbei ist es wichtig ein Grundverständnis und Bewusstsein zu dem Thema „Smart Grid" zu schaffen. Anhand einer umfassenden Literaturrecherche werden die Bedeutung und Funktionsweise erläutert. Denn aufgrund der Aktualität der Thematik, herrscht bis dato kein einheitliches Verständnis bzw. keine klare Abgrenzung über diese Technologie.

An dieser Stelle ist zu erwähnen, obwohl Smart Grid ein sehr aktuelles Thema ist, dürfte der überwiegende Teil der Literatur nicht den wissenschaftlichen Ansprüchen, in Bezug auf Aktualität, genügen. Die für diese Arbeit verwendeten Fachbücher und Artikel beziehen sich teilweise selber auf ältere Informationen. Ein Zugriff auf aktuellste Quellen, die nur zwei Jahre zurückliegen, war teilweise nicht möglich. Trotzdem wurde auf solche Quellen zurückgegriffen. Die Objektivität dieser Arbeit wird dadurch gewährleistet, dass mehrere Quellen gleichzeitig betrachtet wurden, die sich zum Teil ergänzen. Außerdem war ein Zugang auf zahlenbasierte Auswertungen und Statistiken erschwert. Diese konnten zum größten Teil nur käuflich erworben werden.

1.3   Aufbau der Arbeit

Nachdem einleitend die Ausgangssituation dargestellt und die Zielsetzung der Arbeit erläutert wurde, wird in diesem Abschnitt der Aufbau dieser Hausarbeit vorgestellt.

Um ein grundlegendes Verständnis zu dem Thema Intelligente Stromvernetzung – Smart Grid zu schaffen, befasst sich der zweite Abschnitt mit den zentralen Grundlagen und –begriffen aus der Literatur. Zuerst wird erläutert, was in dieser Arbeit unter dem Begriff „Smart Grid" verstanden wird. Anschließend wird die Funktionsweise erklärt und die Verbreitung der intelligenten Technologie in Deutschland betrachtet.

Im dritten und dem wichtigsten Teil dieser Arbeit, werden sowohl die Herausforderungen als auch die möglichen Potenziale der Zukunftstechnologie betrachtet. Abgerundet wird diese Seminararbeit im vierten Kapitel mit einem abschließenden Fazit.

2 Smart Grid

Smart Grid ist heutzutage ein Schlagwort für Lösungsansätze in Bezug auf die Energiewende. Nach einer umfassenden Literatur- und Internetrecherche ist auffällig, dass zu diesem Thema unterschiedliche Verständnisse existieren. Zu beobachten ist, dass Smart Grid meistens als ein Universalbegriff verwendet wird, welches weit über die Netze hinausgeht. Um ein einheitliches Verständnis bezüglich Smart Grid zu generieren, beschäftigt sich das folgende Kapitel mit der grundlegenden Begriffserklärung.

2.1 Begriffserklärung

In den folgenden Unterpunkten wird zwischen dem konventionellen Netz, dem intelligenten Netz und dem Smart Market differenziert.

2.1.1 Konventionelles Netz

Als konventionelles Netz wird das bereits bestehende Stromnetz verstanden (vgl. Bundesnetzagentur, 2011, S. 11). Bestehend aus elektrischen Stromleitungen, dient es zum Transport von elektrischer Energieversorgung. Darunter werden „alle elektrotechnischen Komponenten" verstanden, die benötigt werden, „um eine elektrische Verbindung zwischen Produzenten und Verbrauchern herzustellen" (Bundesnetzagentur, 2011, S. 11). Konventionelle Netze sind bisher dafür ausgelegt, Stromfluss in eine Richtung zu gewährleisten.

2.1.2 Smart Grid

Ein konventionelles Netz wird dann „smart", wenn es mit Hilfe modernster Informations-, Kommunikations-, Mess-, Steuer-, Regel- und Automatisierungstechnik aufgerüstet wird (vgl. Bundenetzagentur, 2011, S. 11). Ein intelligentes Stromnetz bzw. Energieversorgungssystem umfasst also die Steuerung und Vernetzung von smarten Erzeugern, Verbrauchern und Stromspeichern in den Übertragungs- und Verteilernetzen mit Hilfe modernster IKT und dezentral organisierter Managementsysteme. Damit sollen Systeminstabilitäten vermieden und Netzschwankungen ausgeglichen werden. Intelligente Netze machen es auch möglich Energieflüsse in beide Richtungen zu gewährleisten (vgl. Roy, 2015; vgl. Smartgrids Austria, 2016). In einem Smart Grid werden nicht nur elektrische Energien, sondern auch Daten transportiert. So können Informationen über Verbrauch und Produktion in Echtzeit abgerufen und koordiniert werden. Auf die genaue Funktionsweise von intelligenten Stromnetzten wird im Abschnitt 2.2 genauer eingegangen.

2.1.3 Smart Market

Während Smart Grid die regulierten Übertragungs- und Verteilernetze subsumiert, umfasst das Smart Market den Bereich außerhalb des Netzes. Abbildung 1 verdeutlich grafisch die genaue Differenzierung zwischen Smart Grid und Smart Market. Das bedeutet, durch Smart Grid leiten sich bzw. entstehen neue Dienstleistungen auf Grundlage der zur Verfügung stehenden Netzkapazität.

Somit kann die Übertragung und Verteilung dem Netz zugeordnet werden, während die restlichen Bereiche wie Erzeugung, Handel, Vertrieb, Messung und Kunden dem Smart Market zuzuordnen sind (s. Abb. 1). Das Smart Grid ist als ein Instrument zur Erreichung einer effizienten Netzstabilität zu sehen und auch als eine Basis für den wettbewerblich gesteuerten Smart Market.

Abbildung 1: Abgrenzung Smart Market und Smart Grid

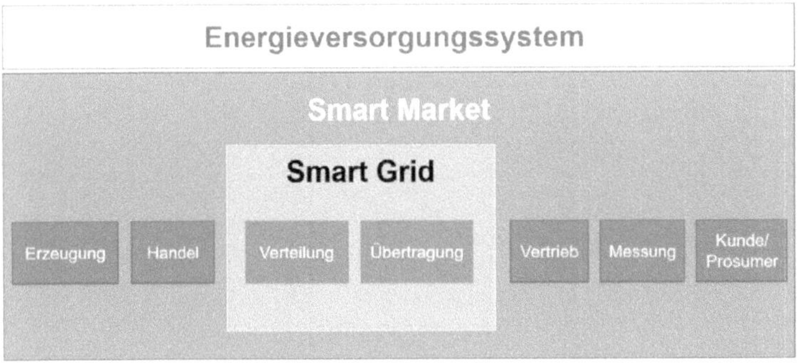

Quelle: Eigene Darstellung, in Anlehnung an *Aichele, C.*, Smart Market, 2014, S.14

2.2 Funktionsweise des Smart Grids

Früher erzeugte ein großes Kraftwerk konstant Strom und dieser wurde mittels konventioneller Netze an die Verbraucher transportiert. Mittlerweile ist unser Netz nicht mehr für die Leistungsmengen, die täglich übertragen werden, ausgelegt. Heute und zukünftig produzieren Verbraucher selbst Strom. Zugleich kommen immer mehr Energiequellen in unser Netz, wie z.B. Windräder und Photovoltaikanlagen. Nicht zu vergessen werden immer mehr nukleare und fossile Großkraftwerke abgeschaltet. Dadurch entstehen neue Probleme, welche in Abbildung 2 dargestellt sind. Beispielsweise wird in einigen Regionen an sonnigen und windigen Tagen mehr Strom produziert als verbraucht. Hier ist ein Netzausbau erforderlich, um die zusätzliche Energie aufnehmen zu können. Aber auch andersrum, kann an manchen Tagen wetterbedingt nicht genug Strom mittels erneuerbarer Energien erzeugt werden. Das führt zu Schwankungen im Netz. Zudem gibt es künftig immer mehr Elektroautos, Batteriespeicher und intelligente Haustechnik, welches das Netz zusätzlich belasten. Smart Grid als intelligentes Regelsystem ist die Vision der zukünftigen Energieinfrastruktur (vgl. Litzel, 2017; vgl. eLife, 2016).

Abbildung 2: Problematik dezentraler Erzeugung

Quelle: *Bürgerdialog Stromnetz*, Warum ist der Netzausbau notwendig, 2018

Wie in Abbildung 3 zu sehen ist, gibt es innerhalb des Smart Grids verschiedene Komponenten, die unterschiedliche Rollen einnehmen.

Abbildung 3: Smart Grid Infrastruktur und Rollen

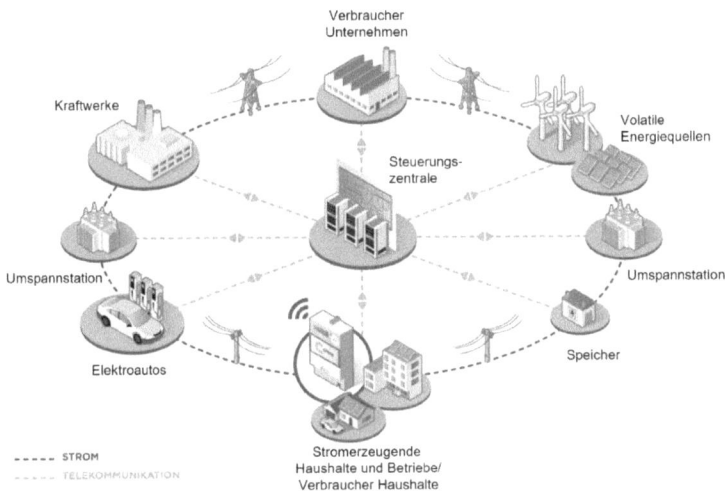

Quelle: in Anlehnung an *Creos*, 2018

Die Steuerungs- und Kommunikationszentrale erfasst alle Daten im Stromnetz. Die Daten werden mittels moderner IKT übermittelt. Hierfür werden Smart Meter, sogenannte intelligente Stromzähler, benötigt. Im Zuge des Gesetzes „Digitalisierung der Energiewende", wurden in Deutschland 2015 hierzu einige Beschlüsse festgesetzt. Eines davon ist das Smart Meter Rollout, das dazu führte, dass seit 2017 Smart Meter Pflicht sind. Das bedeutet bis 2032, muss jeder Stromzähler in Deutschland digital sein (vgl. EON, 2018). So können alle Daten in Echtzeit an die Zentrale übermittelt werden, womit das Netz dank der Informationen präziser gesteuert werden kann. Angebotsüberschüsse oder eine hohe Nachfrage können ausgeglichen werden (vgl. EON, 2018; Agentur für Erneuerbare Energien, 2017).

Kraftwerke wie beispielsweise Wasserkraftwerke, Geothermie- und Biogasanlagen werden auch in Zukunft den Großteil der Elektrizität erzeugen. Diese werden da installiert, wo deren Nutzen am effizientesten ist und liefern somit eine konstante Menge an Strom. Volatile Energiequellen hingegen wie bspw. Solar- und Windkraftanlagen gehören zur erneuerbaren Energieerzeugung. Da sie den Strom abhängig von Tageszeit und Wetter produzieren ist eine konstante Stromerzeugung nicht gegeben. Die Stromerzeugung wird somit dezentraler. Wo früher ein Kohlekraftwerk eine ganze Stadt mit Strom versorgt hat, werden jetzt zahlreiche kleinere Energiequellen verwendet. Diese befinden sich aber auch nicht immer an den Orten, an denen der Strom am meisten gebraucht wird (s. Abb. 2). Deshalb können durch Smart Grid zukünftig, mit Hilfe von Lastverschiebungen und Stromspeichern, Schwankungen ausgeglichen werden (vgl. EON, 2018; Agentur für Erneuerbare Energien, 2017).

Einzelne Kraftwerke konnten in der Vergangenheit noch relativ leicht geregelt werden, aber eine Vielzahl an dezentral agierenden Kleinkraftwerken und Energieerzeugern jedoch nicht mehr. So könnte das Smart Grid künftig auch noch die vielen kleinen Energieerzeuger zu virtuellen Kraftwerken, den sogenannten Virtual Power Plants zusammenfassen. Der Vorteil dieser virtuellen Gruppierung ist, dass die Energieerzeugung nicht so starken Schwankungen ausgesetzt ist. Aufgrund der Bündelung zu einer Einheit, gewinnt das Netz an Stabilität (vgl. EON, 2018; Agentur für Erneuerbare Energien, 2017).

Resultierend aus dem steigenden Anteil an erneuerbaren Energien und zusätzlichen Energiequellen, gewinnen Speicher immer mehr an Bedeutung. Diese nehmen überschüssigen Strom auf und speisen ihn bei Bedarf ins Netz. So kann zum Beispiel bei einem überschüssigen Energieangebot, Strom auf Reserve gespeichert werden. Existiert zu einem späteren Zeitpunkt eine hohe Energienachfrage, kann diese problemlos gesättigt werden, auch wenn zu dem Zeitpunkt wetterbedingt nicht viel Strom erzeugt werden kann (EON, 2018; Agentur für Erneuerbare Energien, 2017).

Auch Elektroautos werden zukünftig eine immer wichtigere Rolle innerhalb des intelligenten Stromnetzes spielen. Diese laden, wenn ausreichend erneuerbarer

Strom vorhanden bzw. die Last gering ist. In anderen Worten, Autos die über einen längeren Zeitraum an der Ladestation angeschlossen sind, können dann aufgeladen werden, wenn en Angebotsüberschuss im Netz verfügbar ist. Bei Bedarf können sie den Strom auch zurückspeisen (EON, 2018; Agentur für Erneuerbare Energien, 2017).

Stromerzeugende Haushalte und Betriebe, die z.b. mittels einer Photovoltaikanlage oder Brennstoffzellen, selber Energie erzeugen, nehmen in einem Smart Grid dank eines intelligenten Zählers, dem Smart Meter, selber aktiv am Stromhandel teil. Wie bei den virtuellen Kleinkraftwerken, können auch hier hunderte kleine Stromproduzenten zusammen zu Einem gebündelt werden, um Schwankungen effektiv auszugleichen (vgl. EON, 2018; Agentur für Erneuerbare Energien, 2017).

Verbraucher können aus einem Smart Grid viele Vorteile für sich erzielen. Voraussetzung hierfür sind intelligente Messsysteme (Smart Meter), die beim Verbraucher installiert sind. Diese messen den aktuellen Stromverbrauch und melden diese Daten in Echtzeit sowohl an den Verbraucher als auch an die Steuerungszentrale. Ergänzt wird das Smart Meter durch Smart Home Lösungen und IKT-Anbindungen. Diese regeln die Geräte im Haushalt so, dass sie sich erst dann einschalten, wenn ein Energieüberschuss im Netz vorhanden ist. Das heißt, Geräte wie Heizungen und Wärmespeicher arbeiten nur dann, wenn das Smart Meter den günstigsten Tarif meldet (vgl. EON, 2018; Agentur für Erneuerbare Energien, 2017).

Zusammenfassend ist festzuhalten, im Smart Grid werden zukünftig zahlreiche intelligente Messsysteme das Netz ständig überwachen. Bei Störungen, Schwankungen oder Ausfällen, wird eine schnelle Reaktion gegeben sein. Dank dem Smart Grid funktioniert die Kommunikation nicht mehr wie bei konventionellen Netzen nur in eine, sondern in beide Richtungen. Das bedeutet, es wird zukünftig nicht mehr eine zentral erzeugte Energie übertragen und verteilt. Im Gegenteil werden viele dezentrale Energiequellen ihre produzierte Energie direkt in das Netz einspeisen. An dieser Stelle wird ein intelligentes Stromnetz für eine Verbesserung der Energiezufuhr sorgen. Erzeugte Energie aus volatilen Energiequellen, wie

Solarzellen und Windkraftanlagen werden effizienter genutzt und verteilt. Mit Hilfe des Smart Grids wird eine präzise Messung der Netzspannung in Echtzeit möglich sein, um die Energieübertragung und damit die Produktionslast der Kraftwerke zu optimieren. Die zukünftig in den Wohnungen installierten Smart Meter, werden den Verbrauch kontinuierlich überwachen. Somit können die Verbraucher jederzeit reagieren und bei dem Elektrogerät Sparmaßahmen ergreifen (vgl. Creos, 2018).

2.3 Verbreitung von Smart Grid in Deutschland

Aktuell werden „weltweit noch keine Smart Grids mit vollautomatischer Steuerung von Verbrauchern und Produktionsanlagen betrieben" (VSE, 2018). Auch wenn heutzutage in unseren Übertragungsnetzen eine mittlerweile ausgeprägte Kommunikationsinfrastruktur vorhanden ist, existiert das Smart Grid bislang nur als Konzept (vgl. Buchholz, 2012).

In Europa werden Smart Grid Ansätze durch eine Vielzahl von Förderprojekten unterstützt. In Deutschland zum Beispiel gibt es bereits einige führende Pilotprojekte, die sogenannten sechs E-Energy-Projekte (s. Abb. 4). Ein Leuchtturmprojekt, welches für die deutschen Smart Grid Aktivitäten ausgerufen worden ist. Sechs Modelregionen in Cuxhaven, Harz, Ruhrgebiet, Aachen, Mannheim und Karlsruhe entwickelten und erprobten Schlüsseltechnologien und Geschäftsmodelle für ein „Internet der Energie[1]" in Bezug auf Smart Grid. In diesen Pilotprojekten sollten mithilfe IKT die Elektrizitätsversorgung von der Erzeugung, Speicherung, Transport und Verteilung bis hin zum Verbrauch optimiert getestet werden. Die Modellprojekte sollten mit unterschiedlichen Profilen neue Smart Grid Technologien, elektronische Markplätze und Online-Energiedienstleistungen entwickeln und erproben. Die genauen Ergebnisse dieses Förderprogramms sind nicht Teil dieser

---

[1] Auch als IoT – Internet of Things bekannt, bezeichnet die Vernetzung von Gegenständen mit dem Internet, damit diese selbstständig kommunizieren und so verschiedene Aufgaben für den Besitzer erledigen können.

wissenschaftlichen Arbeit, weshalb auf diese nicht eingegangen wird. Die Darstellung dieses Pilotprojektes sollte lediglich aufzeigen, dass in Deutschland Smart Grid Technologien stark gefördert werden.

Dass die Verbreitung in Deutschland in vollem Gange ist, verdeutlicht eine weitere Grafik in Anhang 1. Diese veranschaulicht auf der Deutschlandkarte die Ausbauvorhaben von Stromnetzen (s. Anhang 1). Die grünen Linien auf der Abbildung zeigen die bereits realisierten Netzausbauten. Weiterhin wird anhand des Bildes deutlich, dass die Notwendigkeit für Smart Grid bekannt ist, sodass viele Ausbauprojekte bereits jetzt in Planung sind (s. Anhang 1).

Abbildung 4: E-Energy Modelregionen

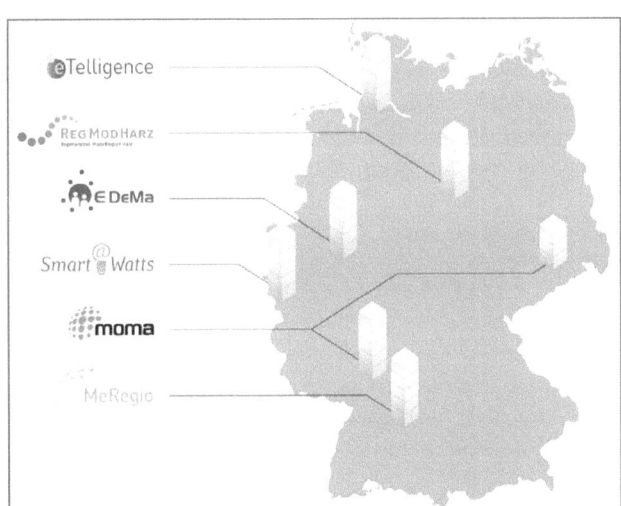

Quelle: in Anlehnung an *Servatius*, Smart Energy, 2012, S. 279

3 Chancen und Widerstände der Zukunftstechnologie

Um die Erzeugung, Verteilung, Speicherung und Verbrauch zukünftig zu optimieren, müssen in Zukunft intelligente Stromnetze mehr ausgebaut werden. Die Vernetzung von IKT und Stromnetzen ist komplex, sodass die Aufrüstung ein bisweilen langsamer Prozess ist, der bis dato nur schrittweise realisiert werden konnte (s. Kap. 2.3). Dies ist darauf zu führen, dass die Umsetzung mit einigen Hemmnissen verbunden ist. Doch auch wenn die Umstellung unserer Energieversorgung einige Hürden mit sich bringt, stellen sich manche vorerst problematischen Gegebenheiten als spätere Vorteile heraus.

3.1 Herausforderungen und Widerstände

Auch wenn heutzutage bereits viele technische Möglichkeiten existieren, werden weltweit noch keine Smart Grids mit vollautomatisierter Steuerung betrieben. Intelligente Stromnetze existieren bislang nur als Konzept (s. Kap. 2.3). Technische Herausforderungen bilden in der schnellen Verwirklichung von Smart Grid ein Problem. Bei Smart Grid handelt es sich um eine Vielzahl von Technologien, die Hand in Hand arbeiten, wie beispielsweise in den Bereichen der Energieversorgung, Energieverteilung, Stromübertragung, Netzautomatisierung, Elektrofahrzeuge und Ladestationen sowie Energiespeicherlösungen und Gebäudeautomatisierungssysteme.

Ansätze dieser Technologien sind bereits heute vorhanden, wie Smart Home Komponenten, Elektroautos usw., dennoch sind sie noch nicht ausgereift und fortgeschritten. Für die Realisierung von Smart Grids, müssen noch viele neue und vor allem innovative Technologien entwickelt und produziert werden. In den Bereichen der Forschung und Entwicklung sind hohe Investitionen und die Generierung von Know-How erforderlich.

Betrachtet man an dieser Stelle die Kostenfrage, führt dies zu einem weiteren Problem. Der vollständige Umbau und das Aufrüsten des bestehenden Stromnetzes sind äußerst zeitaufwendig und mit sehr viel Investitionen verbunden. Die einhergehende Zunahme dezentraler Erzeugungsstrukturen, führt zur gestiegenen

Anforderungen an die Versorgungsnetze. Eine Integration von Offshore-Windparks[2] sowie die Verlagerung der Erzeugungsschwerpunkte führen zu vermehrten Energieschwankungen (s. Abb. 2). Vorrangig wird der Strom aus Windenergie im Norden und Osten Deutschlands erzeugt, wo der Wind besonders stark verbreitet ist. Die größten Verbraucher jedoch wie große Industrieunternehmen, befinden sich vermehrt im Süden und Westen Deutschlands (s. Abb. 2). Der aus erneuerbaren Energien erzeugte Strom muss also transportabel sein (vgl. Bürgerdialog Stromnetze, 2018a). Deshalb müssen immer noch mehr Übertragungs- und Verteilernetze ausgebaut werden. Das ist jedoch mit hohen Kosten und Investitionen verbunden. Laut Bundesministerium für Wirtschaft und Energie, haben Netzbetreiber im Jahre 2017, bereits 5,7 Milliarden Euro in Netze investiert (s. Abb. 5).

Abbildung 5: Investitionen in Stromnetze

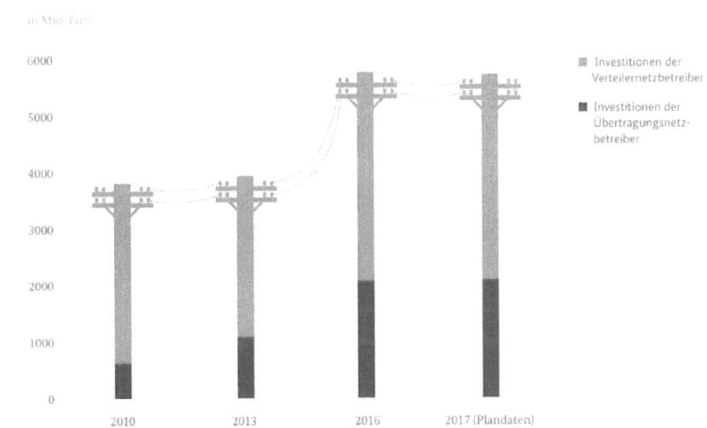

Quelle: *BMWI*, Investitionen in Stromnetze, 2018b

---

[2] Das sind Windparks, die im Küstenvorfeld der Meere errichtet werden. Offshore-Standorte zeichnen sich üblicherweise durch relativ kontinuierliche Windbedingungen und hohe durchschnittliche Windgeschwindigkeiten aus.

Im Hinblick auf den Ausbau von Netzen, zeigen die geplanten Leitungsbauvorhaben der Stromtrassen in Deutschland, dass die Dringlichkeit für den Ausbau bereits erkannt worden sind (s. Anhang 1). Die gestrichelten Linien in der Karte kennzeichnen die Bauvorhaben, bei denen eine energiewirtschaftliche Notwendigkeit festgestellt wurde, jedoch ist deren genauer Trassenverlauf noch nicht verabschiedet. Die durchgezogenen Linien illustrieren Pläne, bei denen der Netzverlauf bereits ausgearbeitet (orange), genehmigt (gelb) oder die Leitungen bereits gebaut (grün) wurden. Vergleicht man die schon realisierten Stromtrassen mit den noch geplanten und nicht genehmigten Netzbauvorhaben, so ist anhand der Karte deutlich zu erkennen, dass der Ausbau bis dato nur sehr langsam vorangeht. Das resultiert daraus, dass die Finanzierung für die Bauvorhaben eine große Herausforderung darstellt (s. Anhang 1; vgl. Bürgerdialog Stromnetz, 2018).

Für ein intelligentes Stromnetz sind Smart Meter eine Voraussetzung und seit 2017 im Zuge der „Digitalisierung der Energiewende" Pflicht. In Deutschland muss jeder Stromzähler bis 2032 digital sein (s. Kap. 2.2). Doch auch die Aufrüstung der Netze mit Smart Metern zieht hohe Kosten nach sich. In der nachfolgenden Statistik ist die Höhe der weltweiten Investitionen in intelligente Stromnetze nach drei Segmenten von den Jahren 2010 bis 2015 zu sehen (s. Abb. 6). Im Diagramm wird deutlich, dass in dem Zeitraum von fünf Jahren bereits viel in die Integration von Smart Metern investiert worden ist. So wurden Anfang 2010 allein für intelligente Zähler 5,7 Milliarden US Dollar weltweit investiert. Weiterhin zeigt die Abbildung, dass die Höhe der Investitionen jedes Jahr gewachsen ist. Fünf Jahre Später wurden im Jahr 2015 in dieses Segment über 8,4 Milliarden US Dollar ausgegeben (s. Abb. 6).

Die zwei aufgeführten Beispiele sind nur ein Bruchteil von den benötigten Investitionen, damit Smart Grids verwirklicht werden können. Festzuhalten ist, dass die Finanzierung in den Bereich intelligenter Stromnetze eine erhebliche Herausforderung darstellt.

Abbildung 6: Smart Grid-Investitionen weltweit nach Segment bis 2015

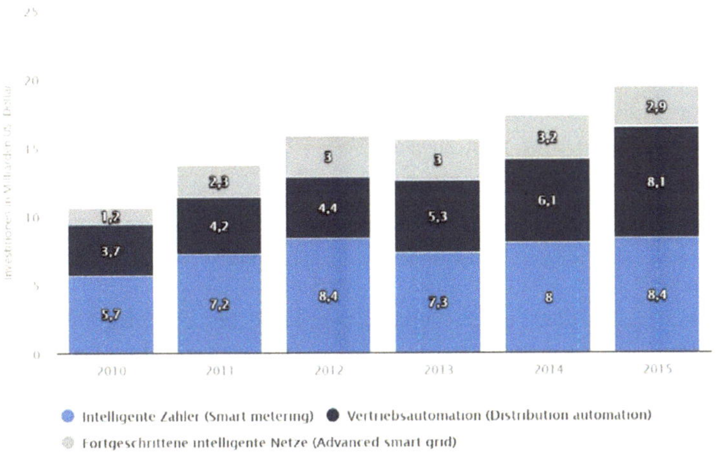

Quelle: *Statista*, 2018

Neben der Kostenfrage im Bereich der intelligenten Energieversorgung, hemmen politische Rahmenbedingungen die Realisierung von Smart Grids. Die Notwendigkeit eines Netzausbaus ist der Regierung bereits bekannt. Pilotprojekte und Ausbauvorhaben für Stromtrassen wurden bereits umgesetzt, wie die Karte im Anhang 1 zeigt. Dennoch gestaltet sich der Ausbau immer noch sehr schleppend (vgl. Bürgerdialog Stromnetz, 2018b). Der langsame Umsetzungsprozess des Ausbaus, resultiert nicht nur aus einer immensen Kostenfrage, sondern auch aus politischer Perspektive. Langwierige Genehmigungsverfahren stellen hierbei das Problem. Die Entschärfung der rechtlichen Rahmenbedingungen zur Ausweitung und Modernisierung der Übertragungsnetze ist ausschlaggebend (vgl. Bürgerdialog Stromnetz, 2018b).

Darüber hinaus fehlen heute noch Standards für das Smart Grid. In einem intelligenten Stromnetz müssen die eingebauten Mess-, Steuer- und Regelsysteme große Datenmengen in Echtzeit transportieren. Damit beispielsweise Endgeräte in den Haushalten automatisch auf Anfragen der Lastverschiebung reagieren können, um so das Demand-Management zu vereinheitlichen. Da es sich bei den Systemen jedoch um Komponenten unterschiedlicher Hersteller handelt, fehlen heute noch Normen und Standards. Der Ausbau intelligenter Stromnetze wird somit erschwert. Auch in den Bereichen Virtual Power Plant und Netzautomatisierung fehlen derzeit wichtige Standardnormen. Eine zuverlässige Interoperabilität der Systeme im intelligenten Stromnetz gelingt nur dann, wenn Standards geschaffen werden und sich alle Hersteller verbindlich an diese halten (vgl. Bitkom, 2012, S. 22). Eine weitreichende und zumindest europaweite Normung und Standardisierung für intelligente Netze muss von der Regierung geschaffen werden, um zukünftig ein funktionierendes Energieversorgungssystem aufzubauen.

Weiterhin stellen Datenschutz- und Sicherheitsfragen im Smart Grid eine Problematik dar. Smart Meter als Grundvoraussetzung für Smart Grids, haben zu dem Smart Meter Rollout geführt. Dieser ist unter dem Aspekt des Datenschutzes kritisch zu betrachten. Daten müssen zum individuellen oder haushaltsbezogenen Energieverbrauchsverhalten erzeugt, übermittelt und verarbeitet werden. Da Alltagshandlungen oft an den Energieverbrauch gekoppelt sind, lassen sich aus den Informationen Lebensgewohnheiten genau ablesen. So können individuelle Nutzerprofile abgeleitet werden. Der Verbraucher wird zu sogenannten „gläsernen Kunden" (vgl. Schneidewindt, 2015). Ein weiteres Gefährdungspotenzial in Bezug auf IT-Sicherheitsschutz, stellt die Bedrohung durch Cyber-Angriffe und Hacker dar. Das Risiko des Datenmissbrauchs und der Datenmanipulation durch Dritte erhöht sich deutlich. Dadurch dass man Lebensgewohnheiten der Verbraucher genau ablesen kann, besteht hierin die größte Gefahr für Straftaten. Einbrüche können anhand gestohlener Verbraucherdaten genauestens geplant werden. Doch nicht nur private Haushalte sind von den Gefahren des Datenschutzes im Smart Grid betroffen. Angriffe auf Energieversorgungsunternehmen, Netz- und Kraftwerksbetreiber sind heutzutage eine reale und präsente Bedrohung. Mit der zunehmenden Komplexität dieser Zukunftstechnologie, ist es fraglich ob eine Sicherheit gewährleistet sein wird. Das Vertrauen der Nutzer in deren Datensicherheit ist ein erheblicher Faktor, ob die Technologie akzeptiert wird oder nicht.

3.2 Chancen und Möglichkeiten

In Kapitel 2.2 wurde die Funktionsweise von Smart Grids erläutert. Daraus lassen sich zahlreiche Potenziale dieser Technologie aufzeigen. Smart Grids werden zukünftig eine verlässliche und stabile Energieversorgung sicherstellen. Die intelligenten Messsysteme werden das Netz ständig überwachen. Bei Störungen, Schwankungen oder Ausfällen, wird eine schnelle Reaktion ermöglicht. Dank dem Smart Grid funktioniert die Kommunikation nicht mehr wie bei konventionellen Netzen nur in eine, sondern in beide Richtungen. Dezentral erzeugte Energien können optimal ins Netz eingespeist werden, was für eine Verbesserung der Energiezufuhr sorgen wird. Die Versorgungssicherheit wird damit sichergestellt (s. Kap. 2.2). Versorgungsunterbrechungen können hohe Kosten heranziehen. Im Wesentlichen betreffen diese den Unternehmensbereich, z. B. wenn Produktionsanlagen stillgelegt sind und somit Produktionsausfälle entstehen. Intelligente Stromnetze werden eine sichere Stromzufuhr gewährleisten.

Smart Grids können Konsumenten besser in den Markt einbinden, denn intelligente Netze ermöglichen eine effiziente Kommunikation zwischen Erzeugungsanlagen, Speichern, Netzkomponenten und Endverbrauchern. Die zukünftig in den Wohnungen installierten Smart Meter, werden den Verbrauch kontinuierlich überwachen. Dank Smart Metern können Real-time-Preise[3] zu einer Senkung von Lastspitzen und dadurch zu einer Flexibilisierung und Verminderung von Energiekosten führen. Für das Demand-Side-Management[4] entstehen völlig neue Möglichkeiten, da Konsumenten Energieeinsparungen erzielen können (vgl. Econgrid, 2013, S. 121 ff.)

---

[3] In diesem Kontext: Echtzeit-Preise für Strom, die dank Smart Metern an die Verbraucher übermittelt werden.

[4] Auch als Demand-Side-Response bekannt, bedeutet zu Deutsch Laststeuerung und bezeichnet die Steuerung der Nachfrage nach netzgebundenen Dienstleistungen bei Abnehmern in Industrie, Gewerbe und Privathaushalten.

Durch intelligente Netze wird eine verbesserte Kombinierbarkeit von dezentraler Energieerzeugung, dezentralem Verbrauch und konventionellen Kraftwerken erreicht. So können immer mehr regenerative Energieerzeuger ins Netz integriert werden. Damit verbunden wird die Umweltbelastung verbessert. Wenn immer mehr regenerative Energiequellen installiert werden, kann der Strom in Zukunft fast ausschließlich aus erneuerbaren Strom bezogen werden. Die Abhängigkeit von umweltverschmutzenden Kohle- und Atomkraftwerken wird sich stark vermindern. Smart Grid als Treiber einer grünen Energiezukunft, schaffen folglich die Möglichkeit, CO_2-Emissionen stark zu reduzieren und eine erfolgreiche Energiewende zu realisieren (vgl. PG&E, 2018).

Ein ausschlaggebendes Potenzial von Smart Grids ist jedoch, dass sie in den nächsten Jahrzehnten Grundlage für neue Geschäftsmodelle, Wachstumsmöglichkeiten und Produktions- und Dienstleistungsmärkte bilden werden. Allein im Bereich des Smart Metering, die einen Teilbereich des Smart Grids darstellen, werden in Zukunft viele neue Dienste und Produkte entstehen. Laut einer Publikation von Bitkom, die sich auf eine Studie des Frauenhofer Instituts beziehen, „könnte sich in diesem Bereich ein jährliches Umsatzvolumen in Höhe von 100 Mio. Euro in Deutschland ergeben" (Bitkom, 2012, S. 21). Dank intelligenter Stromzähler werden im Bereich des privaten Energiemanagements, noch mehr Smart Home Anwendungen entwickelt. Auch in dem Gebiet der Gebäudefernsteuerung wird eine dynamische Entwicklung dank Smart Grid stattfinden. Der Ausbau intelligenter Stromnetze wird zudem Wachstumsmöglichkeiten im Bereich der Fernkontrolle und –steuerung der Energieversorgung, dem sogenannten Remote Energy Management schaffen. Vor allem aber in der Steuerung von Virtual Power Plants, Netzautomatisierung, Hardware- und Softwarebereich werden neue Dienstleistungen und Arbeitsplätze entstehen. Hier werden sich „Wachstumseffekte von circa 1,1 Mrd. Euro jährlich ergeben" (Bitkom, 2012, S.21). Eine vielversprechende Zukunft für die Schaffung von Produkten und Dienstleistungen im Zusammenhang mit sauberer Energie, in der hochqualifizierte Forschung und Entwicklung, Produktionsarbeits- und Ausbildungsplätze entstehen werden (vgl. Smart Market, 2014; Servatius, 2012, S. 293 ff.).

4   Fazit

Das bisherige Energieversorgungssystem, befindet sich seit Jahren im Umbruch. Der Ausstieg aus der Atomenergie, die zunehmende Ressourcenknappheit, der Klimawandel und die immer stärker werdende Urbanisierung führt zu zahlreichen neuen Herausforderungen innerhalb der Energieversorgung. Der Trend entwickelt sich zu sogenannten „Smart Grids", die einen energieoptimierten Betrieb im Bereich der Energieerzeugung, -speicherung, -transport und –verbrauch nach sich ziehen.

Auch wenn Smart Grid bis dato nur in Form von Pilotprojekten realisiert werden konnten, steht die Umsetzung noch vor einigen großen Herausforderungen. Angesichts eines enormen Zeitaufwands, ist der Ausbau mit einem hohen Investitionsbedarf verbunden. Technologien für Smart Grids sind noch nicht fortgeschritten, deshalb sind weitere Investitionen in Forschung und Entwicklung notwendig. Die Bereitstellung von Verbraucherdaten mittels IKT-Komponenten, führt zu weiteren Problemen im Bereich des Sicherheits- und Datenschutzes. Das Fehlen von Standards, erschweren die Umsetzung, da keine Vereinheitlichung der Netzinfrastruktur gegeben ist. Einen schnellen Ausbau von Smart Grids bremst vor allem die langwierige Umsetzung gesetzlicher Vorgaben. Eine Entschärfung der rechtlichen Rahmenbedingungen ist ausschlaggebend.

Nichtsdestotrotz weisen Smart Grids hohe Potenziale auf. Zum einen ermöglichen intelligente Stromnetze eine kostensparende, nachhaltige, effiziente und zuverlässige Stromversorgung. Zum anderen weisen sie enorme Innovations- und Wachstumspotenziale für Unternehmen auf und schaffen zukünftig neue Arbeitsplätze im Bereich der Energietechnik. Des Weiteren können immer mehr erneuerbare Energiequellen problemlos ins Netz zugeschaltet werden, was zu einer Reduzierung der Umweltbelastung führt. Eine vielversprechende Zukunftstechnologie, die schrittweise zu einer erfolgreichen Energiewende führen wird. Die technologische Entwicklung schreitet im Bereich der Energietechnik unaufhaltsam voran, sodass es nur noch eine Frage der Zeit ist, bis Smart Grids das klassische Stromnetz komplett abgelöst haben werden.

Anhang

Anhang 1: Karte Ausbauvorhaben des Netzes in Deutschland

Quelle: *Bürgerdialog Stromnetz, Ausbauvorhaben der Stromtrassen in Deutschland, 2018*

Legende

- Vorhaben noch nicht im Genehmigungsverfahren (Luftlinie)
- Vorhaben im Raumordnungs- bzw. Bundesfachplanungsverfahren (Luftlinie)
- Vorhaben vor/im Planfeststellungsverfahren
- Vorhaben genehmigt oder im Bau
- Vorhaben realisiert
- Punktmaßnahme

Literaturverzeichnis

Aichele, Christian, Doleski, D. Oliver (Smart Market, 2014): Smart Market: Vom Smart Grid zum intelligenten Energiemarkt, Wiesbaden: Springer, 2014

Apelrath, Hans J., Beenken, Petra, Bischofs, Ludger, Uslar, Mathias (Hrsg.) (Systemarchitektur, 2012): IT-Architekturentwicklung im Smart Grid: Perspektiven für eine sichere markt- und standardisierte Integration erneuerbarer Energien, Berlin: Springer, 2012

*Bundesnetzagentur (*Smart Grid und Smart Market, 2011): Smart Grid und Smart Market, Eckpunktepapier der Bundesnetzagentur zu den Aspekten des sich verändernden Energieversorgungssystems, Bonn, 2011

Roy, Daniel T. (Intelligente Energiesysteme der Zukunft, 2015): Intelligente Energiesysteme der Zukunft: Die Entwicklung von Smart Metering und Smart Grid im Jahre 2025, Hamburg: Diplomica, 2015 (Diplomarbeit)

Servatius, Hans G., Schneidewind, Uwe, Rohlfing, Dirk (Hrsg.) (Smart Energy, 2012): Smart Energy: Wandel zu einem nachhaltigen Energiesystem, Berlin: Springer, 2012

Internetquellen

Adolph, Karin (Energiewende 2016): Energiewende: Definition & Ziele-die Übersicht, <https://www.co2online.de/klima-schuetzen/energiewende/energiewende-definition-ziele-uebersicht> (2016-01-27) [Zugriff am 2018-11-06]

Agentur für Erneuerbare Energien (Funktion Smart Grids, 2018): So funktioniert ein Smart Grid, <https://www.unendlich-viel-energie.de/mediathek/grafiken/so-funktioniert-ein-smart-grid> (keine Datumsangabe) [Zugriff am 2018-11-11]

Bitkom, Frauenhofer (Hrsg.) (Bundesverband Informationswirtschaft e.V.; Frauenhofer Institut für System- und Innovationsforschung, 2012): Gesamtwirtschaftliche Potenziale intelligenter Netze in Deutschland <https://www.bitkom.org/sites/default/files/pdf/noindex/Publikationen/2012/Studie/G esamtwirtschaftliche-Potenziale-intelligenter-Netze-in-Deutschland/Studie-Intelligente-Netze2.pdf> (2012) [Zugriff am 2018-12-15]

BMWi (Energiewende, 2018a): Erneuerbare Energien, <https://www.bmwi.de/Redaktion/DE/Dossier/erneuerbare-energien.html> (keine Datumsangabe) [Zugriff am 2018-11-06]

BMWi (Investition in Stromnetze, 2018b): Investition in Stromnetze, <https://www.bmwi.de/Redaktion/DE/Infografiken/Energie/investitionen-in-stromnetze.html> (keine Datumsangabe) [Zugriff am 2018-12-26]

Buchholz, Michael B. (Smart Grid und Energieautomation, 2012): Smart Grids, von der Vision zur Realität <https://www.etz.de/files/se20125zst_se_1_2012_vde_buchholz.pdf> (keine Datumsangabe) [Zugriff am 2018-11-30]

Bürgerdialog Stromnetz (Netzausbau, 2018a): Warum ist der Netzausbau notwendig? <https://www.buergerdialog-stromnetz.de/netzausbau/warum-ist-der-netzausbau-notwendig/> (2018-11-23) [Zugriff am 2018-12-26]

Bürgerdialog Stromnetz (Investitionen Netzausbau, 2018b): Karte der Ausbauvorhaben, <https://www.buergerdialog-stromnetz.de/netzausbau/karte/> (2018-06-30) [Zugriff am 2018-12-26]

Creos (Funktion Smart Grids, 2018): Smart Grid, <http://www.creos-net.lu/de/creos-luxembourg/innovation/smart-grid/netz-der-zukunft.html> (keine Datumsangabe) [Zugriff am 2018-11-11]

Econgrid (Nutzeneffekte Smart Grid, 2013): Smart Grids und volkswirtschaftliche Effekte: Gesamtwirtschaftliche Bewertung von Smart-Grids-Lösungen, <https://nachhaltigwirtschaften.at/resources/e2050_pdf/reports/endbericht_201412 _smart_grids_und_volkswirtschaftliche_effekte_econgrid.pdf> (2013-07-01) [Zugriff am 2018-12-26]

eLife (Funktion Smart Grids, 2016): Mitgedacht: Smart Grid einfach erklärt, <https://elife.vattenfall.de/zukunft/smart-grid-einfach-erklaert/> (15.03.2016) [Zugriff am 2018-11-11]

EON (Funktion Smart Grids, 2018): Smart Grid: Aufbau, Definition und Funktionen, <https://www.eon.de/de/eonerleben/smart-grid-so-funktioniert-das-intelligente-stromnetz.html> (keine Datumsangabe) [Zugriff am 2018-11-11]

Litzel, Nico (Big Data Insider, 2018): Was ist ein Smart Grid? <https://www.bigdata-insider.de/was-ist-ein-smart-grid-a-622021/> (05.07.2017) [Zugriff am 2018-11-11]

PG&E (Pacific Gas and Electric Company, Benefits Smart Grids, 2018): Realize the potential of the Smart Grid system, <https://www.pge.com/en_US/safety/how-the-system-works/electric-systems/smart-grid/smart-grid-benefits.page?WT.mc_id=Vanity_smartgridbenefits> (keine Datumsangabe) [Zugriff am 2018-12-15]

Schnabel, Friedel (Smart Grid technische Herausforderungen, 2014): Das Smart Grid aus technischer und marktlicher Perspektive, <https://www.innosmart-projekt.de/data/innosmart/user_upload/Dateien/InnoSmart01_Smart_Grid_Technis che_und_marktliche_Perspektiven.pdf> (2014-07-01) [Zugriff am 2018-12-26]

Schneidewindt, Holger, Sieverding, Udo (Datenschutz im Smart Grid, 2015): Intelligente Stromzähler (Smart Meter) – mehr Risiken als Nutzen für Verbraucherinnen und Verbraucher? <https://library.fes.de/pdf-files/wiso/11141.pdf> (2015-01-01) [Zugriff am 2018-12-26]

Smartgrids Austria (Funktion Smart Grids, 2016): Was sind Smart Grids? <https://www.smartgrids.at/smart-grids.html> (keine Datumsangabe) [Zugriff am 2018-11-11]

Statista (Energie, 2018): Smart Grid-Investitionen weltweit nach Segment bis 2015, <https://de.statista.com/statistik/daten/studie/753952/umfrage/globale-investitionen-in-intelligente-netze-nach-segment/> (keine Datumsangabe) [Zugriff am 2018-11-11]

Umweltbundesamt (Internationale und EU-Klimapolitik, 2013): Kyoto-Protokoll, <https://www.umweltbundesamt.de/themen/klima-energie/internationale-eu-klimapolitik/kyoto-protokoll#textpart-1> (2013-07-25) [Zugriff am 2018-11-06]

.